Analyse de l'œuvre

Par Dominique Coutant-Defer
et Célia Ramain

Les Contes de la Bécasse

de Guy de Maupassant

Rendez-vous sur lepetitlitteraire.fr et découvrez :

Plus de 1200 analyses
Claires et synthétiques
Téléchargeables en 30 secondes
À imprimer chez soi

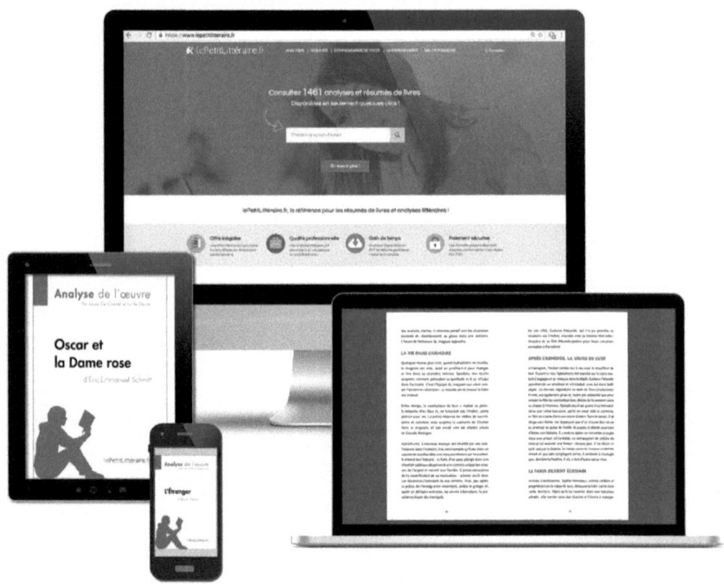

GUY DE MAUPASSANT

ÉCRIVAIN FRANÇAIS

- **Né en 1850 à Tourville-sur-Arques (Normandie)**
- **Décédé en 1893 à Paris**
- **Quelques-unes de ses œuvres :**
  - *Boule de suif* (1880), nouvelle
  - *Une vie* (1883), roman
  - *Bel-Ami* (1885), roman

Guy de Maupassant est un écrivain français, auteur de six romans et de plus de 300 nouvelles, de contes et de chroniques. Il passe sa jeunesse en Normandie, où il commence des études de droit. En 1870, il s'engage comme volontaire dans la guerre franco-prussienne (1870-1871), puis s'installe à Paris où il travaille dans deux ministères afin de gagner sa vie. Gustave Flaubert (romancier français, 1821-1880), qui est un ami de sa mère, le prend sous sa protection et l'introduit dans les milieux littéraires.

Il fréquente alors les écrivains réalistes et naturalistes, dont Émile Zola (écrivain français, 1840-1902). De 1880 à 1890, il écrit des romans (*Une vie*, *Bel-Ami*) et de nombreuses nouvelles réalistes (*Boule de suif*, *Contes du jour et de la nuit*) ou fantastiques (*Le Horla*, *La Peur*) dans lesquels il rend compte de sa vision pessimiste de la société. Il sombre peu à peu dans la folie et meurt en 1893.

CONTES DE LA BÉCASSE

DES NOUVELLES RÉALISTES

- **Genre :** nouvelles
- **Édition de référence :** *Contes de la Bécasse*, Paris, Le Livre de Poche, 1998, 157 p.
- **1ʳᵉ édition :** 1883
- **Thématiques :** mort, avarice, folie, vol, pessimisme, peur, guerre

Hormis « Saint-Antoine » et « L'Aventure de Walter Schnaffs », les contes ou nouvelles réalistes qui constituent ce recueil ont d'abord paru dans des journaux tels que *Le Gaulois* ou *Gil Blas*, entre le 19 avril 1882 et le 11 avril 1883.

Situés pour la plupart dans le milieu paysan normand et fréquemment écrits sur le mode humoristique, ces courts récits, souvent cocasses, soulignent cependant certaines bassesses humaines : entre autres l'avarice, comme dans « Pierrot » et « En mer », ou bien l'oppression des plus faibles, comme dans « La Folle » ou « Les Sabots ». Ils reflètent tous l'ironie et le pessimisme de l'auteur face à la nature humaine et à la société de son temps.

RÉSUMÉ

« LA BÉCASSE »

Le vieux baron des Ravots, chasseur invétéré, est désormais cloué à son fauteuil roulant. Il se contente de réunir ses amis chasseurs, qui lui racontent les diverses histoires qui leur sont arrivées. « Voici quelques-uns de ces récits. » (p. 15)

« CE COCHON DE MORIN »

En 1862, le mercier (marchand ambulant) Morin, de La Rochelle, voyage en train avec Henriette, une jeune fille « d'allure hardie » (Paris, Garnier-Flammarion, 1974, p. 39). Persuadé qu'elle attend ses avances, il essaie de l'embrasser, mais la fille porte plainte.

Craignant la ruine de son commerce et de son ménage, Morin prend conseil auprès du narrateur, Labarbe, qui commence par lui dire : « Tu n'es qu'un cochon. On ne se conduit pas comme ça. » (p. 21) Labarbe se charge toutefois, avec son ami Rivet, d'aller chez la jeune fille, qui vit avec sa tante et son oncle, pour tenter d'arranger les choses.

L'oncle d'Henriette, abonné au journal *Le Fanal des Charentes*, dont les deux amis sont les rédacteurs en chef, est ravi de les recevoir, mais il refuse de retirer la plainte. Le narrateur profite de son séjour pour séduire Henriette. Il se convainc que la jeune fille se laisse aisément séduire, bien qu'elle marque clairement son souhait d'être respectée. Ils restent plusieurs jours chez elle, mais « l'affaire de ce cochon de Morin » (p. 28) n'avance guère. Finalement, Rivet finit par obtenir gain de cause. Morin, très ébranlé par cette histoire, meurt deux ans après. Tout le monde dans la région ne l'appelait plus que « ce cochon de Morin » (p. 30).

Un jour, le narrateur, lors d'une visite chez un notaire, reconnait Henriette dans l'épouse de ce dernier. Le notaire le remercie vivement d'avoir fait preuve de tant de tact dans l'affaire de « ce cochon de Morin ».

« LA FOLLE »

Mathieu d'Endolin raconte l'histoire de sa pauvre voisine à Cormeil, en Normandie. Elle est devenue folle à 25 ans après le décès simultané de son père, de son mari et de son nouveau-né. Depuis, elle est alitée. Lors de l'entrée des Prussiens dans la ville, en 1870, les soldats qui logeaient chez elle ont trouvé irrespectueux qu'elle refuse de se lever et l'ont emmenée dans les bois sur son matelas. Ils sont revenus sans elle. Mathieu, inquiet, a demandé aux autorités prussiennes de mener des recherches et a manqué de peu d'être fusillé pour son outrecuidance. À l'automne suivant, lors d'une chasse à la bécasse dans la forêt, il a retrouvé le squelette de la pauvre femme. Les oiseaux avaient fait leur nid dans son matelas.

« PIERROT »

Dans la campagne normande, Mme Lefèvre, une paysanne prétentieuse qui « dissimule [ses] grosses mains rouges sous des gants de soie écrue » (p. 37), s'aperçoit un jour du vol d'une douzaine d'ognons dans son jardin. Elle décide alors d'adopter un chien, Pierrot, pour monter la garde.

Cependant, très avare, elle refuse de payer la taxe sur les chiens en vigueur à l'époque et préfère se débarrasser de l'animal : elle le jette dans un immense puits réservé à cet effet dans la campagne, où les pauvres bêtes condamnées, mourant de faim, s'entredévorent. Puis, prise de remords, elle décide finalement d'aller nourrir Pierrot dans le puits. Jusqu'au jour où elle se rend compte qu'un autre chien, plus gros, y a été jeté et mange ce qu'elle donne à Pierrot. Se refusant à nourrir tous les chiens condamnés, elle préfère laisser mourir Pierrot.

« MENUET »

Jean Bridelle, le narrateur, a vu de près les horreurs de la guerre, mais soutient que certaines petites blessures de l'âme sont tout aussi révoltantes. Il se souvient par exemple d'un étrange vieillard, vêtu de manière excentrique, qu'il avait croisé au jardin du Luxembourg quand il était étudiant et qui s'était soudain mis à danser. Le vieil homme lui avait appris qu'il était l'époux d'une danseuse, célèbre en son temps, et avait proposé de la présenter au narrateur.

Un jour, les deux vieillards, « pareils à deux vieilles poupées qu'aurait fait danser une mécanique ancienne » (p. 49), avaient exécuté devant lui un pathétique menuet (danse originaire du Poitou), qu'ils avaient terminé en sanglotant. Lorsque Jean Bridelle est revenu à Paris après une longue absence, les deux danseurs avaient disparu.

« LA PEUR »

Après un naufrage, le narrateur avoue au marin qui le recueille la peur qu'il a éprouvée. Ce dernier lui raconte ce qu'est la vraie peur, qui a toujours lieu « sous certaines influences mystérieuses, en face de risques vagues » (p. 52). Il l'a quant à lui ressentie une première fois dans un désert d'Afrique du Nord, où il a été terrorisé par un bruit de tambour inexpliqué qui parcourait les dunes. Il a appris depuis qu'il s'agissait sans doute de l'écho amplifié d'une grêle de grains de sable heurtant des herbes sèches.

La seconde fois, c'était dans l'Est de la France. Il s'était réfugié avec son guide chez un forestier, obsédé par le meurtre d'un braconnier qu'il avait commis deux ans auparavant. Il attendait justement pour le soir même la visite de sa victime, qui revenait selon lui le hanter régulièrement. Son chien, qui avait assisté au meurtre, s'était mis à hurler à la mort à l'extérieur de la maison. Soudain, une tête barbue et des yeux lumineux étaient apparus dans le judas de la porte. Le forestier avait alors tiré dans cette direction, terrifiant les visiteurs, puis avait barricadé la porte. Le lendemain, ils avaient découvert le cadavre du chien sur le seuil.

« FARCE NORMANDE »

Jean Patu, riche paysan normand passionné de chasse, se marie. Lors du repas de noces, les obscénités fusent : « L'arsenal de l'esprit paysan fut vidé. » (p. 61) Puis, l'un des invités signale en plaisantant la présence de braconniers dans les environs. Plus tard, lorsque Jean rejoint son épouse dans le lit nuptial, deux coups de fusil éclatent au loin et Jean, craignant pour son gibier, sort malgré l'insistance de sa femme. Au petit jour, il n'est toujours pas rentré. Les valets le retrouvent ficelé des pieds à la tête, avec une pancarte indiquant « qui va à la chasse perd sa place » (Garnier-Flammarion, p. 110) sur la poitrine, victime d'une farce organisée par ses amis.

« LES SABOTS »

Adélaïde Malandain, « une gaillarde à l'air niais » (p. 66), est placée comme bonne chez M. Omont, un riche veuf. Ce dernier prévient la jeune fille qu'ils ne « mélangeront pas leurs sabots » (Garnier-Flammarion, p. 118) – sous-entendu, qu'ils ne coucheront pas ensemble et qu'elle devra rester à sa place. Mais peu à peu, manipulateur, il lui dit qu'il n'aime ni manger seul, ni prendre son eau-de-vie seul, ni dormir seul, etc. « Me v'là, me v'là, not' maître » (*ibid.*, p. 120), se contente de dire la jeune fille un peu stupide, qui se retrouve enceinte quelque temps plus tard. Elle épouse M. Omont, et le père Malandain juge sa fille moins sotte qu'il n'y parait pendant que sa mère l'insulte de « traînée » (*ibid.*, p. 121).

« LA REMPAILLEUSE »

Un médecin raconte l'histoire d'une vieille rempailleuse qui, enfant, tombe follement amoureuse du fils d'un pharmacien. Pendant des années, celui-ci se laisse embrasser en échange des quelques sous que la pauvre fillette grappille sur ses maigres gains. Mais un jour, le jeune homme se marie et la dédaigne. À sa mort, la rempailleuse, qui l'a aimé toute sa vie, lui lègue toutes ses économies. D'abord furieux d'avoir été ainsi aimé par une gueuse, il cède devant l'importante somme d'argent, et exige même d'hériter de sa cabane.

« EN MER »

Pendant une tempête en mer, le marin Javel se retrouve le bras coincé sous un câble du bateau. Son frère ainé, propriétaire du chalutier, refuse de couper le câble pour ne pas risquer de perdre le bateau. Comme Javel souffre affreusement, son frère lui sectionne alors le bras, afin d'éviter la gangrène. L'infortuné tient toutefois à conserver son membre amputé dans la saumure et, revenu à terre, l'enterre dignement. Il regrette l'avarice de son frère qui lui a valu la perte d'un bras.

« UN NORMAND »

Le narrateur, en compagnie d'un ami, rend visite au père Mathieu, gardien d'une chapelle protégée par la Vierge et souvent fréquentée par les filles enceintes. Le gardien a d'ailleurs sculpté une « Notre-Dame du Gros Ventre » (*ibid.*, p. 153) ainsi que divers saints ayant chacun leur domaine d'action. Les villageois normands se les arrachent. Il a de plus mis au point le « saoulomètre » (*ibid.*, p. 155), un moyen psychologique qui lui permet de mesurer son degré d'ébriété. Ce jour-là, deux vieilles femmes viennent récla-mer une statue de saint-Blanc, que le père Mathieu retrouve plus tard bouchant le trou d'une cabane à lapins.

« LE TESTAMENT »

Le narrateur, René de Bourneval, est le fruit d'une liaison extraconjugale de sa mère, femme timide et aimante, mais rudoyée par son mari, M. de Courcils, avec qui elle a eu deux autres fils. À sa mort, elle laisse un testament dans lequel elle avoue sa liaison et laisse toute sa fortune à son amant, dont René héritera ensuite. Deux jours plus tard, M. de Bourneval tue M. de Courcils en duel, et René s'enfuit avec son père, dont il prend le nom et découvre les grandes qualités de cœur.

« AUX CHAMPS »

Les Valin et les Tuvache sont deux familles de pauvres paysans normands aux nombreux enfants. Un jour, un couple de riches bourgeois sans enfant propose d'adopter l'un des petits Tuvache. La mère Tuvache s'y oppose catégoriquement, mais les Valin acceptent de vendre leur dernier fils. Quelques années plus tard, ce dernier, richement vêtu, rend visite à ses parents biologiques. Le jeune Tuvache, resté misérable, reproche alors à sa mère de ne pas l'avoir vendu et quitte à jamais la chaumière familiale.

« UN COQ CHANTA »

La belle Mme d'Avancelles fait languir son soupirant éperdu, M. de Croissard, mais promet de se donner à lui le jour où il parviendra à tuer à la chasse un redoutable sanglier. Après une poursuite acharnée, l'animal est enfin abattu. Le soir, la jeune femme fait longuement attendre M. de Croissard qui finit par s'endormir, épuisé par sa journée. Au chant du coq, il s'attire alors de la part de Mme d'Avancelles le même mépris que celui qu'elle réserve à son mari.

« UN FILS »

Un sénateur et u"n académicien font le compte de leurs bonnes fortunes passées et estiment le nombre d'enfants inconnus qu'ils ont peut-être conçus. Le sénateur se souvient alors qu'au temps de sa jeunesse, il avait rencontré une jeune servante de Pont-l'Abbé (Finistère), qui ne parlait pas français. Attiré par cette dernière, il s'était passé de son consentement et lui avait imposé un rapport sexuel.

Vingt-cinq ans plus tard, il est retourné à l'auberge et a rencontré un jeune homme repoussant et simple d'esprit, « une larve d'écurie » (p. 124) gardée là par charité, que le patron lui a présenté comme l'enfant d'une ancienne servante morte en couches. Sa date de naissance a confirmé au sénateur qu'il était bien son fils. Il a alors essayé de s'occuper de lui, mais le garçon étant irrémédiablement idiot, le sénateur peine à établir un véritable contact avec lui. Il décide néanmoins de rendre visite à son fils tous les ans.

« SAINT-ANTOINE »

Antoine est un paysan normand surnommé « Saint-Antoine » en raison de sa force physique et de sa joie de vivre. Pendant la guerre, il transforme par jeu le Prussien qui loge chez lui en animal de compagnie, qu'il engraisse à outrance et promène partout avec lui, l'appelant « son cochon » (Garnier-Flammarion, p. 219). D'abord docile, le soldat finit par se rebeller et une violente bagarre s'ensuit. Craignant d'être puni par l'armée prussienne, Antoine le tue en le saignant comme un cochon, l'enterre sous un tas de fumier et fait accuser un aubergiste du village, qui est fusillé un peu plus tard.

« L'AVENTURE DE WALTER SCHNAFFS »

Walter Schnaffs est un soldat prussien n'ayant aucun gout pour la guerre. D'ailleurs il fuit le combat pour aller se réfugier dans un fossé. Réfléchissant à sa situation, il en arrive à la conclusion que le meilleur moyen d'être à l'abri des armes est encore de se constituer prisonnier, si du moins il parvient à rencontrer l'armée ennemie et non pas des paysans qui seraient susceptibles de l'abattre immédiatement.

Tiraillé par la faim, il décide de se diriger vers un château voisin. À son arrivée, les domestiques fuient, laissant la cuisine à la disposition du Prussien. Le lendemain, après qu'il a mangé et bu tout son soul, il est fait prisonnier lors d'une intervention musclée de l'armée française, commandée par un officier. Celui-ci n'hésitera pas à grossir les traits de son exploit. Quant à Walter Schnaffs, malgré une sévère indigestion, son but est accompli. Il danse de joie dans sa cellule.

ÉTUDE DES PERSONNAGES

S'il est impossible d'évoquer tous les personnages présents dans les 17 récits qui constituent l'œuvre, il est néanmoins possible de dégager les vices que Maupassant a souhaité dénoncer à travers tel ou tel personnage. Certains de ces vices sont propres aux hommes (la violence sexuelle, l'alcoolisme, la lâcheté), d'autres sont communs aux hommes et aux femmes (comme l'avarice ou la bêtise). Seul le caprice semble être un vice typiquement féminin.

LES PERSONNAGES MASCULINS

La violence sexuelle

Parmi les personnages masculins, il y a tout d'abord ceux qui n'arrivent pas à contrôler leurs pulsions, quitte à s'autoriser l'agression.

Le premier des récits où l'on rencontre ce type de personnage est « Ce cochon de Morin ». Morin, ce mercier effacé, se méprend sur le sourire de sa voisine et se jette fougueusement sur elle pour tenter de l'embrasser par surprise. L'histoire se répète avec Labarbe, le narrateur : « Je ne raisonnais plus ; je voulais la trouver, je la voulais. » (Garnier-Flammarion, p. 51) L'ironie crispante étant que Labarbe soit venu trouver la famille de la jeune fille afin de plaider la cause de son ami Morin.

Dans « Les Sabots », Césaire Omont, un veuf de « cinquante-cinq ans, gros, jovial et bourru comme un homme riche » (*ibid.*, p. 116), après avoir averti sa jeune servante qu'il ne se passera jamais rien entre eux (« T'es ma servante, mais rien de plus. », *ibid.*, p. 117-118) la manipule (entreprise aisée étant donné sa condition de domestique et son innocence, voire, sa niaiserie) et la conduit à coucher avec lui.

Dans « Un fils », le narrateur, un académicien, revient sur son passé et raconte comment, plus jeune, il a forcé un rapport intime avec une jeune Bigoudène ne parlant pas français : « J'avais fait cela en riant ; mais, dès qu'elle fut chez moi, le désir de la posséder m'envahit. [...] Oh ! elle se débattit vaillamment [...]. » (*ibid.*, p. 205)

Plus tard, en revenant sur les lieux de son méfait, il apprend que la malheureuse est morte en couches et que le fruit de ce viol est un « homme maigre et boiteux », « déguenillé, hideusement sale, avec de longs cheveux mêlés qu'ils lui tombaient comme des cordes sur les joues », et qui plus est, avec « l'air de ne rien comprendre » (*ibid.*, p. 208). Dans ce conte, le narrateur, en plus de ne pas avoir su contrôler ses pulsions sexuelles, redouble d'ignominie en étant bouleversé non pas par la mort de sa victime, mais par l'aspect physique et mental du fils qu'il a involontairement engendré.

L'avarice

Autre trait de caractère qui est dépeint par Maupassant : l'avarice. Ce travers est parfaitement illustré dans le récit « En Mer ». En effet, le personnage de Javel ainé aurait pu sauver le bras de son cadet s'il ne lui avait pas préféré son bateau.

On pourrait également mentionner la cupidité du personnage de Chouquet, dans le conte « La Rempailleuse », qui n'a aucun scrupule, enfant ou adulte, à tirer profit des émois et sentiments de sa malheureuse soupirante.

L'alcoolisme

Dans le conte « Un Normand », Maupassant dresse le portrait haut en couleur du père Matthieu « qu'on appelle aussi le père "La Boisson" » (*ibid.*, p. 152), en raison de « sa principale occupation » (*ibid.*, p. 155), avant même la chapelle. Le père Mathieu a d'ailleurs inventé le « saoulomètre » (*ibid.*) grâce auquel il peut mesurer son degré d'ébriété.

La lâcheté

Et pour finir, il y a ceux que l'on pourrait qualifier de « lâches ». Morin, qui se laisse insulter par sa femme et s'en remet totalement à Labarbe afin d'éviter le procès et de regagner sa réputation ; Saint-Antoine, le « héros » du conte éponyme qui, sans scrupule, fait accuser quelqu'un d'autre à sa place pour le meurtre du Prussien.

Mais l'exemple le plus criant de lâcheté est probablement Walter Schnafs. Maupassant s'amuse à le ridiculiser, en le faisant se cacher dans un fossé au lieu de participer à la guerre, et surtout, en imaginant sa peur à chaque bruit entendu : « Un lapin, tapant du cul au bord d'un terrier, faillit faire s'enfuir Walter Schnaffs. Les cris des chouettes lui déchiraient l'âme, le traversant de peurs soudaines, douloureuses comme des blessures. » (*ibid.*, p. 238)

PERSONNAGES FÉMININS

Face aux hommes incapables de maitriser leurs pulsions, il y a les victimes féminines.

Des trois récits relatant des agressions, un seul personnage féminin est en mesure de répliquer un tant soit peu, c'est Mlle Henriette de Bonnel : « Entre le désir et l'action, monsieur, il y a place pour le respect. » (*ibid.*, p. 46) Les deux autres personnages féminins, dans « Les Sabots » et « Un fils », de par leur position sociale inférieure ou leur âge (et, dans « Un fils », en raison de la barrière de la langue), ne sont pas en mesure de se défendre. Pire, elles sont même rejetées de leurs cercles pour une faute qui n'est pas de leur fait : « Mais la femme se fâcha, révoltée d'instinct, injuriant à pleine gueule sa fille en larmes, la traitant de "manante" et de "traînée". » (*ibid.*, p. 121)

Même idée dans « Un fils » : « Elle me regardait, effarée, affolée, épouvantée, n'osant pas crier de peur d'un scandale, d'être chassée sans doute par ses maitres d'abord, et peut-être par son père ensuite. » (*ibid.*, p. 205) Notons également que dans ce conte, le viol de la jeune victime bigoudène (dont le narrateur n'apprendra le nom qu'à l'annonce de sa mort, bien des années plus tard) n'est qu'un prétexte pour apporter une réflexion sur l'hérédité (d'où le choix de nom du récit : « Un fils »).

L'avarice est également un trait que l'on retrouve chez les personnages féminins. L'exemple le plus flagrant est celui du conte « Pierrot ». Mme Lefèvre, décrite comme étant « une de ces demi-paysannes à rubans et à chapeaux à falbalas, de ces personnes qui parlent avec des cuirs, prennent en public des airs grandioses, et cachent une âme de brute prétentieuse sous des dehors comiques et chamarrés, comme elles dissimulent leurs grosses mains rouges sous des gants de soie écrue » (*ibid.*, p. 67) agit inconséquemment, mais préfère sacrifier son chien Pierrot, et cela dans des conditions on ne peut plus cruelles, plutôt que de dépenser le moindre centime pour tenter de le sauver.

Si l'ivresse présente dans « Un Normand » semble être un travers proprement masculin, il est un vice que Maupassant semble réserver à la gent féminine, c'est le caprice. En outre, ce vilain défaut semble majoritairement associé à des femmes évoluant dans un certain milieu, pouvant se permettre d'être capricieuses.

C'est le cas par exemple, dans le récit « Un coq chanta », de Mme Berthe d'Avancelles qui joue avec son amant et teste la solidité de son amour pour elle comme le ferait une dame à l'époque de l'amour courtois médiéval (au XIIe siècle, l'amour courtois est un modèle idéal de l'amour d'un homme pour une femme, entièrement régi par les valeurs de l'honneur, de la parole et du serment, par la noblesse des sentiments, la conduite généreuse et la politesse dans la conduite et le langage). Cela va jusqu'au chantage affectif où son côté capricieux transparait d'une façon flagrante : « – "Vous ne m'aimez donc plus ?" disait-elle. – Il répondait : "Pouvez-vous dire des choses pareilles ?" Elle reprenait : "La chasse cependant semble vous occuper plus que moi." » (*ibid.*, p. 192)

Dans le récit « Aux Champs », Mme d'Hubières, contre toute

morale, n'hésite pas à marchander pour avoir ce qu'elle convoite, à savoir un enfant : « Et la jeune femme radieuse, emporta le marmot hurlant, comme on emporte un bibelot désiré d'un magasin. » (*ibid.*, p. 181)

CLÉS DE LECTURE

CONTES OU NOUVELLES ?

Au XIXe siècle, nouvelle et conte ne sont pas des genres littéraires clairement distingués. Avant Maupassant, Balzac (écrivain français, 1799-1850) avait déjà fait paraitre des nouvelles sous la forme de contes (les *Contes drolatiques*, entre 1832 et 1837), tout comme Flaubert avec ses *Trois contes* (1877). La même année que les *Contes de la Bécasse*, Villiers de L'Isle-Adam (écrivain français, 1838-1889) publie ses *Contes cruels*, qui sont tout aussi bien des nouvelles.

Proche du conte par sa brièveté, la nouvelle s'en distingue théoriquement par le cadre réaliste de son récit : à l'univers merveilleux du conte et à ses personnages stéréotypés, le genre de la nouvelle préfère la peinture d'un monde réel dans lequel évoluent de véritables individus. Toutefois, cette distinction claire s'estompe dans le cas de la nouvelle fantastique. Pensons au *Diable amoureux* (1772) de Jacques Cazotte (écrivain français, 1719-1792) ou à *La Vénus d'Ille* (1837) de Prosper Mérimée (écrivain français, 1803-1870).

Dans la mesure où les *Contes* de Maupassant n'intègrent aucun élément fantastique, c'est sans conteste la dimension orale de ses récits, le dispositif narratif particulier qu'il choisit pour eux (des chasseurs rassemblés se succèdent pour raconter des histoires) qui, au premier chef, identifie ces récits à des contes.

C'est que le genre du conte entretient des rapports étroits

avec la littérature populaire et orale. C'est pourquoi les parangons du genre, par exemple le *Décaméron* (1348-1353) de Boccace (écrivain italien, 1313-1375) ou l'*Heptaméron* (1559) de Marguerite de Navarre (femme de lettres et reine de Navarre, 1492-1549), sont construits autour de narrateurs rassemblés en un lieu qui se succèdent pour prendre la parole et raconter chacun une histoire. Dans le cas des *Contes* de Maupassant, cette oralité ajoute à la crédibilité de ce qui est dit.

Les récits du recueil de Maupassant rencontrent également tous les critères du genre de la nouvelle. Ce dernier a pris son plein essor au XIXe siècle avec des écrivains comme Émile Zola, Théophile Gautier (écrivain français, 1811-1872) et surtout Maupassant, qui en a écrit plusieurs centaines. La nouvelle présente les caractéristiques suivantes :

- **il s'agit d'un récit court, centré sur un évènement unique**. Une rencontre due au hasard, par exemple, comme dans « Menuet » ou « La Rempailleuse » ;
- **les personnages sont peu nombreux**. Ainsi, ils ne sont que deux dans « Les Sabots » ou trois dans « Saint-Antoine » ;
- **les descriptions sont sommaires**. L'auteur ne donne de détails que sur ce qui peut servir l'histoire. Si la noce paysanne de « Farce normande » est décrite de manière précise, c'est pour mieux en souligner la grossièreté. De plus, le physique et le caractère des protagonistes ne donnent pas lieu à de longs développements, sauf s'ils expliquent les sentiments des personnages les uns pour les autres. Dans « Un fils », le personnage du fils est décrit

assez longuement, dans le but de mettre en évidence la surprise du sénateur d'avoir engendré un garçon débile et crasseux ;

- **le cadre spatiotemporel est restreint et l'action se déplace peu**. La plupart des nouvelles ont ainsi pour cadre la campagne normande, bien connue de Maupassant, et elles se déroulent presque toutes à l'époque de l'auteur.

RÉALISME OU NATURALISME ?

La première moitié du XIXe siècle a été marquée par l'avènement du romantisme, mouvement pictural et littéraire, qui valorisait les mythes et les sentiments personnels. La seconde moitié du siècle voit émerger deux nouveaux courants, en réaction à l'esthétique et au programme romantique : le réalisme et le naturalisme.

Le réalisme trouve son inspiration dans la vie quotidienne (qu'elle soit urbaine ou provinciale) auprès de groupes sociaux qui, jusque-là, n'étaient jamais représentés dans la littérature (petits et moyens bourgeois, ouvriers, paysans, prostituées, etc.). L'idée étant de représenter fidèlement leurs vies, leurs comportements, sans cette recherche d'esthétisme que poursuivait par-dessus tout le romantisme. Parmi les figures de proue du réalisme, on peut à nouveau citer Flaubert et Balzac.

Chez Maupassant, qui était un protégé de Flaubert, on perçoit nettement une influence du réalisme. Par exemple, pour plus de vraisemblance dans ses *Contes de la Bécasse*, Maupassant n'hésite pas à s'appuyer sur son expérience personnelle de Normand. Il connait le caractère normand (« Il unit en des proportions admirables pour faire un ensemble parfait la blague du vieux soldat à la malice finaude du Normand », « Un Normand », Garnier-Flammarion, p. 153), leur mode de vie et même leur patois (« – Eh bien, nom de D... et té, ousqu'est ta place ? », « Les Sabots », *ibid.*, p. 118). En outre, Maupassant dépeint plusieurs groupes sociaux : marins (« En Mer »), paysans (« Aux Champs ») ou bourgeois (« Ce cochon de Morin »), et leur attribue parfois des vices spécifiques (l'impunité des hommes bourgeois ou le caractère capricieux de leurs femmes).

Le naturalisme, quant à lui, est considéré comme étant la seconde génération du réalisme, une forme extrême de ce dernier. Ce mouvement littéraire est notamment représenté par Zola. Le naturalisme s'inspire de la science et de ses méthodes (l'observation sur le terrain, l'objectivité). En somme, l'écriture se fait plus journalistique, profession qu'exerçait par ailleurs Zola. Avec le naturalisme se pose la question du déterminisme, soit biologique (l'hérédité traitée par exemple dans le récit « Un fils ») soit social (lorsque l'auteur examine à la loupe les tares physiques et psychiques, et tâche de les présenter comme les effets du milieu social de l'individu). Le naturalisme s'oppose donc au romantisme qui, à la place des faits constatables prônait des idéaux abstraits, moraux et esthétiques.

On retrouve quelque chose de cet engouement pour la scientificité et l'empirie dans ces *Contes* de Maupassant. Par exemple, dans la nouvelle « Aux champs », l'auteur se livre à une sorte d'expérimentation : soit deux enfants issus d'un même milieu ; si l'un est vendu à des riches bourgeois et que l'autre reste dans son milieu, l'enfant vendu va-t-il rester paysan malgré son changement de milieu ou bien se transformer en bourgeois ? La fin du récit nous apprend la conviction de Maupassant : puisque l'enfant vendu a les manières d'un homme de la ville, c'est qu'il n'y a pas de déterminisme biologique, mais bien un déterminisme social.

Maupassant, est un ami de Zola et a contribué avec lui en 1880 au premier manifeste du naturalisme, *Les Soirées de Médan*, dans lequel sera publiée la nouvelle « Boule de suif ». Ses œuvres seront publiées à partir de cette date, le classant automatiquement pour certains historiens de la littérature dans ce mouvement. Pourtant, en 1877, dans une lettre adressée à Paul Alexis (écrivain français, 1847-1901), Maupassant affirme : « Je ne crois pas plus au naturalisme et au réalisme qu'au romantisme. » En effet, l'écriture satirique de Maupassant est loin de l'écriture objective de Zola.

Finalement, le plus adéquat serait probablement de refuser ces catégories et d'assumer le fait que Maupassant appartient au réalisme avec des touches de naturalisme (notamment sur la question du déterminisme social).

UNE SATIRE DE LA SOCIÉTÉ ?

La violence de genre

Nous l'avons vu précédemment, le regard de Maupassant sur ses contemporains se veut le plus proche possible de la réalité, sans concession.

Néanmoins, on peut s'interroger sur la valeur objective de

cette description, en particulier en raison du traitement que Maupassant réserve aux femmes, qui pose à tout le moins question. Si Maupassant, en réaction au romantisme, n'idéalise pas la femme ni ne l'investit d'une mythologie, on ne peut toutefois prendre la description très railleuse de ses personnages féminins pour un simple décalque de la réalité.

Bien sûr, chez Maupassant, les femmes sont autant pétries de défauts que les hommes. Ce constat amer n'est pas sans rappeler celui d'un autre écrivain du XIXe siècle, Alfred de Musset (écrivain français, 1810-1857) quand il fait dire à son personnage Perdican dans *On ne badine pas avec l'amour* (1861) :

> « Tous les hommes sont menteurs, inconstants, faux, bavards, hypocrites, orgueilleux et lâches, méprisables et sensuels ; toutes les femmes sont perfides, artificieuses, vaniteuses, curieuses et dépravées ; le monde n'est qu'un égout sans fond où les phoques les plus informes rampent et se tordent sur des montagnes de fange [...]. » (acte II, scène V)

Mais Maupassant ne se contente pas de dépeindre également femmes et hommes sous leur plus mauvais jour. Car il réduit surtout les personnages féminins à des objets sexuels, des proies à la merci des hommes (« Ce cochon de Morin », « Un fils », « Les Sabots »). Or l'agression physique, jusqu'au viol, Maupassant la décrit de façon très détachée, presque comique. Maupassant revendique d'ailleurs ce comique dans la réclame qu'il envoie à son éditeur en juin 1883 afin de promouvoir la parution de ses *Contes* : « Ce qui distingue particulièrement ce dernier ouvrage de l'auteur de *La Maison Tellier* et d'*Une vie*, c'est la gaieté, l'ironie amusante. »

Dans « Un fils », par exemple :

> « J'avais fait cela en riant ; mais, dès qu'elle fut chez moi, le désir de la posséder m'envahit. [...] Oh ! elle se débattit vaillamment ; et parfois nous heurtions un meuble, une cloison, une chaise ; alors, toujours enlacés, nous restions immobiles plusieurs secondes dans la crainte que le bruit n'eût éveillé quelqu'un ; puis nous recommencions notre acharnée bataille, moi l'attaquant, elle résistant. » (Garnier-Flammarion, p. 205)

Malgré la violence qui ne peut manquer d'affleurer dans l'évocation de ce souvenir, des années plus tard, c'est encore la découverte que le fruit de son viol est un « gueux » qui bouleverse le narrateur, et non son acte ignoble ni la mort en couches de son ancienne victime.

En somme, il ressort des *Contes de la Bécasse*, et en particulier des rapports hommes/femmes qui s'y jouent, une atmosphère on ne peut plus malsaine, qui est due au contraste entre la violence de ce qui est raconté et le ton gaillard qui est choisi par les narrateurs successifs. À l'exception notable du conte « Le Menuet », dans lequel un couple de vieillards est présenté comme partageant un même respect et une même nostalgie.

Cette vision des êtres humains, notamment de la femme, pourrait se réclamer du réalisme, du parti pris de décrire la réalité sans concession. En effet, le Code Napoléon (qui, à partir de 1807, est le Code civil des Français) entérine l'infériorité de la femme mariée et son incapacité en général. Le ton railleur avec lequel Maupassant nous présente la violence sexuelle que subissent les femmes pourrait être une manière de choquer son lecteur tout en lui faisant comprendre que cette violence est quelque chose qui, à son époque, est chose tout à fait admise.

Toutefois, le doute subsiste : il est également possible que la vision pessimiste de Maupassant se nourrisse de sa misogynie, par où sa subjectivité prendrait le pas sur la prétention d'objectivité. Dans le conte « Aux Champs », on remarquera ainsi comment Maupassant infantilise la femme bourgeoise et réserve l'attitude adulte et raisonnable au mari :

> « Mais elle revint la semaine suivante, s'assit elle-même par terre, prit le moutard dans ses bras, le bourra de gâteaux, donna des bonbons à tous les autres ; et joua avec eux comme une gamine, tandis que son mari attendait patiemment dans sa frêle voiture. » (*ibid.*, p. 177)

Bestiaire

Avec son titre *Les contes de la Bécasse*, Maupassant joue sur deux tableaux : la bêtise et la bestialité.

« Bécasse » renvoie certes de prime abord à un oiseau prisé par les chasseurs (qui sont les narrateurs des contes), mais il signifie également une femme peu intelligente. « Bécasse », comme « bête », renvoie au sens propre à l'animal et désigne, au sens figuré, la bêtise humaine, bien que « bécasse » soit réservé tout spécialement à la femme. On retrouve ainsi dans le titre la misogynie de Maupassant. Cependant, il faut tout de suite constater que, dans l'ensemble des contes, la bêtise se retrouve autant chez les femmes (Adélaïde

Malandain dans « Les Sabots ») que chez les hommes (Jean Patu dans « Farce Normande »).

Maupassant a choisi comme cadre de son récit une réunion de chasseurs, et ce n'est pas anodin. En effet, la bestialité humaine n'est jamais très loin. Si les femmes peuvent être associées, en général, à des « bécasses », certains personnages masculins sont associés à des cochons : « Ce cochon de Morin », bien évidemment, mais aussi dans « Un Normand » (« Elle l'attend sur sa porte, quand il rentre, et elle hurle : "Te voilà, salaud, cochon, bougre d'ivrogne !" », *ibid.*, p. 156) et dans « Saint Antoine » (« Antoine alors eut un coup d'audace, et, lui poussant sous le nez une assiette pleine : "Tiens, avale ça, gros cochon !" », *ibid.*, p. 219).

En outre, Maupassant s'amuse également à glisser dans les noms et prénoms de ses personnages des indices de leur bêtise ou du déterminisme qui pèse sur eux. Ainsi, on ne peut que trouver ridicule le nom du fils du pharmacien : Chouquet. Plus significativement, on ne peut s'empêcher de penser que le nom et le prénom de l'enfant vendu, Jean Vallin, relativement neutre, ait participé à la réussite de son élévation sociale. Charlot Tuvache, qui porte jusque dans son nom sa condition paysanne, eut probablement moins bien réussi.

À propos des noms, on peut encore remarquer que Maupassant laisse certains de ses personnages anonymes et ne leur octroie qu'un surnom lié soit à leur état (« La Folle »), soit à leur fonction (« La Rempailleuse »), soit enfin à leur statut (« Le Fils »). Sans doute faut-il en conclure que les vies de ces personnages sont à ce point précaires, minuscules et

misérables qu'elles n'ont pas l'épaisseur suffisante ou l'honneur d'un nom. Leurs identités deviennent anecdotiques.

PISTES DE RÉFLEXION

QUELQUES QUESTIONS POUR APPROFONDIR SA RÉFLEXION…

- Quels sont les défauts humains soulignés dans l'œuvre ?
- Quel est le rôle de la première nouvelle ?
- À quel registre peut-on rattacher la nouvelle « La Peur » ?
- Connaissez-vous une autre œuvre ayant ce type de structure de récits enchâssés ?
- En termes de structure, pourquoi ces récits sont-ils effectivement des contes ?
- Relevez dans le conte « La Folle » les différentes traces d'énonciation.
- Quels sont les éléments qui contribuent à l'oralité des récits ?
- En quoi le récit « La Rempailleuse » peut-il être comparé à *Boule de suif* (1880)?
- Comment définiriez-vous le style de Maupassant ?
- Dans « Un Normand », comment qualifier le rapport de Maupassant à la religion ?

Votre avis nous intéresse !
Laissez un commentaire sur le site de votre librairie en ligne
et partagez vos coups de cœur sur les réseaux sociaux !

POUR ALLER PLUS LOIN

ÉDITION DE RÉFÉRENCE

- Maupassant G., *Contes de la Bécasse*, Paris, Le Livre de Poche, 1998.
- Maupassant G., *Contes de la Bécasse*, Paris, Garnier-Flammarion, 1974.

ADAPTATIONS

- *Ce cochon de Morin*, film de Georges Lacombe, avec Jacques Bumer, Colette Darfeuil, Alexandra d'Arcy, Charles Déchamps, Rosine Deréan, Charles Lamy et José Noguéro, France, 1932.
- *Aux champs*, épisode de la seconde saison de la série TV « Chez Maupassant », réalisé par Olivier Schatzky avec Marianne Basler et Guillaume Gouix, France 2, le 11 mars 2008.
- *Ce cochon de Morin*, épisode de la seconde saison de la série TV « Chez Maupassant », réalisé par Laurent Heynemann, avec Julien Boisselier et Didier Bénureau, France 2, le 18 mars 2008.

SUR LEPETITLITTÉRAIRE.FR

- Commentaire de l'incipit de *Bel-Ami* de Guy de Maupassant.
- Commentaire du dénouement de *Boule de Suif* de Guy de Maupassant.
- Commentaire de la préface de *Pierre et Jean* de Guy de

Maupassant.

- Commentaire de l'incipit d'*Une vie* de Guy de Maupassant.
- Fiche de lecture sur *Bel-Ami.*
- Fiche de lecture sur *Boule de Suif.*
- Fiche de lecture sur *La Maison Tellier* de Guy de Maupassant.
- Fiche de lecture sur *La Parure* de Guy de Maupassant.
- Fiche de lecture sur *Le Horla* de Guy de Maupassant.
- Fiche de lecture sur *Le Papa de Simon* de Guy de Maupassant.
- Fiche de lecture sur *Les Contes fantastiques* de Guy de Maupassant.
- Fiche de lecture sur *Mademoiselle Perle et autres nouvelles* de Guy de Maupassant.
- Fiche de lecture sur *Pierre et Jean.*
- Fiche de lecture sur *Une vie.*
- Questionnaire de lecture sur *La Maison Tellier.*
- Questionnaire de lecture sur *La Parure.*

Retrouvez notre offre complète sur lePetitLittéraire.fr

- des fiches de lectures
- des commentaires littéraires
- des questionnaires de lecture
- des résumés

ANOUILH
- Antigone

AUSTEN
- Orgueil et Préjugés

BALZAC
- Eugénie Grandet
- Le Père Goriot
- Illusions perdues

BARJAVEL
- La Nuit des temps

BEAUMARCHAIS
- Le Mariage de Figaro

BECKETT
- En attendant Godot

BRETON
- Nadja

CAMUS
- La Peste
- Les Justes
- L'Étranger

CARRÈRE
- Limonov

CÉLINE
- Voyage au bout de la nuit

CERVANTÈS
- Don Quichotte de la Manche

CHATEAUBRIAND
- Mémoires d'outre-tombe

CHODERLOS DE LACLOS
- Les Liaisons dangereuses

CHRÉTIEN DE TROYES
- Yvain ou le Chevalier au lion

CHRISTIE
- Dix Petits Nègres

CLAUDEL
- La Petite Fille de Monsieur Linh
- Le Rapport de Brodeck

COELHO
- L'Alchimiste

CONAN DOYLE
- Le Chien des Baskerville

DAI SIJIE
- Balzac et la Petite Tailleuse chinoise

DE GAULLE
- Mémoires de guerre III. Le Salut. 1944-1946

DE VIGAN
- No et moi

DICKER
- La Vérité sur l'affaire Harry Quebert

DIDEROT
- Supplément au Voyage de Bougainville

DUMAS
• Les Trois
  Mousquetaires

ÉNARD
• Parlez-leur
  de batailles,
  de rois et
  d'éléphants

FERRARI
• Le Sermon sur la
  chute de Rome

FLAUBERT
• Madame Bovary

FRANK
• Journal
  d'Anne Frank

FRED VARGAS
• Pars vite et
  reviens tard

GARY
• La Vie devant soi

GAUDÉ
• La Mort du
  roi Tsongor
• Le Soleil des
  Scorta

GAUTIER
• La Morte
  amoureuse
• Le Capitaine
  Fracasse

GAVALDA
• 35 kilos d'espoir

GIDE
• Les
  Faux-Monnayeurs

GIONO
• Le Grand
  Troupeau
• Le Hussard
  sur le toit

GIRAUDOUX
• La guerre de
  Troie
  n'aura pas lieu

GOLDING
• Sa Majesté des
  Mouches

GRIMBERT
• Un secret

HEMINGWAY
• Le Vieil Homme
  et la Mer

HESSEL
• Indignez-vous !

HOMÈRE
• L'Odyssée

HUGO
• Le Dernier Jour
  d'un condamné
• Les Misérables
• Notre-Dame
  de Paris

HUXLEY
• Le Meilleur
  des mondes

IONESCO
• Rhinocéros
• La Cantatrice
  chauve

JARY
• Ubu roi

JENNI
• L'Art français
  de la guerre

JOFFO
• Un sac de billes

KAFKA
• La Métamorphose

KEROUAC
• Sur la route

KESSEL
• Le Lion

LARSSON
• Millenium 1. Les
  hommes qui
  n'aimaient pas
  les femmes

LE CLÉZIO
• Mondo

LEVI
• Si c'est un
  homme

LEVY
• Et si c'était vrai…

MAALOUF
• Léon l'Africain

MALRAUX
- La Condition humaine

MARIVAUX
- La Double Inconstance
- Le Jeu de l'amour et du hasard

MARTINEZ
- Du domaine des murmures

MAUPASSANT
- Boule de suif
- Le Horla
- Une vie

MAURIAC
- Le Nœud de vipères

MAURIAC
- Le Sagouin

MÉRIMÉE
- Tamango
- Colomba

MERLE
- La mort est mon métier

MOLIÈRE
- Le Misanthrope
- L'Avare
- Le Bourgeois gentilhomme

MONTAIGNE
- Essais

MORPURGO
- Le Roi Arthur

MUSSET
- Lorenzaccio

MUSSO
- Que serais-je sans toi ?

NOTHOMB
- Stupeur et Tremblements

ORWELL
- La Ferme des animaux
- 1984

PAGNOL
- La Gloire de mon père

PANCOL
- Les Yeux jaunes des crocodiles

PASCAL
- Pensées

PENNAC
- Au bonheur des ogres

POE
- La Chute de la maison Usher

PROUST
- Du côté de chez Swann

QUENEAU
- Zazie dans le métro

QUIGNARD
- Tous les matins du monde

RABELAIS
- Gargantua

RACINE
- Andromaque
- Britannicus
- Phèdre

ROUSSEAU
- Confessions

ROSTAND
- Cyrano de Bergerac

ROWLING
- Harry Potter à l'école des sorciers

SAINT-EXUPÉRY
- Le Petit Prince
- Vol de nuit

SARTRE
- Huis clos
- La Nausée
- Les Mouches

SCHLINK
- Le Liseur

SCHMITT
- La Part de l'autre
- Oscar et la Dame rose

SEPULVEDA
- Le Vieux qui lisait des romans d'amour

SHAKESPEARE
- Roméo et Juliette

SIMENON
- Le Chien jaune

STEEMAN
- L'Assassin habite au 21

STEINBECK
- Des souris et des hommes

STENDHAL
- Le Rouge et le Noir

STEVENSON
- L'Île au trésor

SÜSKIND
- Le Parfum

TOLSTOÏ
- Anna Karénine

TOURNIER
- Vendredi ou la Vie sauvage

TOUSSAINT
- Fuir

UHLMAN
- L'Ami retrouvé

VERNE
- Le Tour du monde en 80 jours
- Vingt mille lieues sous les mers
- Voyage au centre de la terre

VIAN
- L'Écume des jours

VOLTAIRE
- Candide

WELLS
- La Guerre des mondes

YOURCENAR
- Mémoires d'Hadrien

ZOLA
- Au bonheur des dames
- L'Assommoir
- Germinal

ZWEIG
- Le Joueur d'échecs

www.lepetitlitteraire.fr

ISBN version numérique : 978-2-8062-9690-0
ISBN version papier : 978-2-8062-9691-7
Dépôt légal : D/2017/12603/238

Avec la collaboration de Célia Ramain pour le résumé de la nouvelle « L'Aventure de Walter Schnaffs », l'étude des personnages, les chapitres « Réalisme ou naturalisme ? » et « Une satire de la société ? », ainsi que pour les pistes de réflexion.

Conception numérique : Primento,
le partenaire numérique des éditeurs.

Ce titre a été réalisé avec le soutien de la Fédération Wallonie-Bruxelles, Service général des Lettres et du Livre.